RAPPORT

ADRESSÉ PAR

Si el Hadj Chérif Ahmed ben Sliman

CONSEILLER GÉNÉRAL

ET ADMINISTRATEUR DE CONSTANTINE

OFFICIER DE LA LÉGION D'HONNEUR

À SAID THEUR (SÉTIF)

À LA

Commission d'Études

DES

QUESTIONS ALGÉRIENNES

À PARIS

SÉTIF
IMPRIMERIE A. JOURNIER
Rue de Constantine

1891

RAPPORT

ADRESSÉ PAR

le Caïd Yahia Chérif Ahmed ben Sliman

CONSEILLER GÉNERAL

DU DÉPARTEMENT DE CONSTANTINE

OFFICIER DE LA LÉGION D'HONNEUR

KSAR-THEIR (SÉTIF)

A LA

Commission d'Etudes

DES

QUESTIONS ALGÉRIENNES

A PARIS

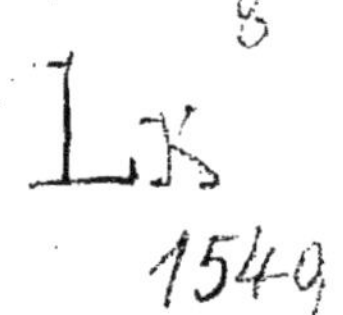

SÉTIF

LIBRAIRIE A. HENRIOT

Rue de Constantine

—

1891

RAPPORT

du Caïd Yahia Cherif Ahmed ben Sliman, officier de la
Légion d'honneur, Conseiller général du département de
Constantine.

A Monsieur le Président du Sénat,
PARIS

Commission de l'Algérie

Louange à Dieu.

N° 8387.   Le 28 Juillet 1891.

TRADUCTION

A l'Auguste Seigneurie du magnifique Son Eminence Monsieur
le Président des membres de la haute assemblée à Paris.

Après vous avoir offert le plus noble des saluts, ainsi qu'il
convient à votre rang élevé, j'ai l'honneur de vous exposer ce
qui suit :

Nous avons reçu, daté du vingt-cinq mai mil huit cent
quatre-vingt onze, votre sublime écrit renfermant diverses questions concernant les musulmans habitant l'Algérie, au sujet des-
quelles vous me demandez une réponse.

Cet écrit est divisé en cinq paragraphes. Le premier a trait à
la propriété et l'état-civil chez les indigènes et contient les questions suivantes : Constitution de la propriété. — Sénatus-consulte
de 1863. Lois de 1873 et de 1887. — Résultats. — Régime des
expropriations. Loi de 1851 et décret de 1859. — Constitution
de l'état-civil. Loi du 23 mars 1882. — Le prêt à intérêt chez les
Arabes et organisation des banques.

Je réponds à votre haute seigneurie que tout ce que l'on

peut conclure de ces lois c'est que leur application a été la cause d'un grand préjudice pour les musulmans.

En effet, leur exécution a eu pour résultat de les déposséder de leurs terres et de leur faire supporter des pertes et des corvées pénibles du fait des commissaires-enquêteurs et des géomètres chargés de la délimitation. Or, depuis mil huit cent soixante trois jusqu'à présent, il n'en est résulté à notre connaissance rien d'avantageux. De même au sujet des terrains dont les maîtres ont été expropriés. Nous avons été témoins de l'expropriation des habitants des trois tribus qui nous avoisinent le plus immédiatement. Il ne leur reste plus la moindre parcelle de terre. Ces tribus sont celles de 1° Medjana, commune de Bordj-bou-Arréridj ; 2° Ameur, commune de Sétif ; 3° et Righa, commune mixte de Righa.

Cette dernière étant dans ma contrée et mon pays natal, je vais vous donner un aperçu de la situation dans laquelle elle se trouve au point de vue des terres qu'elle a perdues et de celles qui restent à ses habitants.

La superficie totale de cette tribu est de cent soixante huit mille trois cent quinze hectares dont vingt mille en forêts ont été annexés au domaine de l'Etat ; quarante mille soixante-onze représentent le cinquième frappé de séquestre par suite de l'insurrection de 1871, trois mille hectares sont des terres makhzen (d'apanage) et mille cinq cents hectares sont submergés par les eaux des lacs salés ; soit en tout une surface de cent quatre mille cinq cent soixante-onze hectares dont l'Etat s'est emparé sur la partie restante, trente mille cinq cent quarante-un hectares ont été prélevés pour être convertis en communaux lesquels, ajoutés au chiffre précédent, donnent un total de cent trente cinq mille cent douze hectares.

Toutes ces terres se trouvaient auparavant en la possession et jouissance des membres (de la tribu), et depuis qu'elles leur ont été retirées il ne leur reste plus que trente trois mille deux cent trois hectares. Or, on compte dans la contrée environ six mille tentes contenant environ trente six mille habitants. Si, donc, l'on répartissait les terres appartenant en propre à la tribu, d'après le nombre des tentes et des habitants qu'elles renferment, il reviendrait moins d'un hectare à chacun de ces derniers. Mais, voyez-vous comment un commissaire-enquêteur pourrait accomplir sa tâche s'il lui fallait répartir cette petite surface de terrains entre un si grand nombre de personnes !

Ces personnes, par suite des expropriations dont elles ont été l'objet, sont tombées dans une situation très précaire, à tel point qu'elles en sont réduites à cultiver des terrains à moitié fruits en prenant à leur charge les impôts de toute nature. D'autres afferment à un prix si élevé qu'il équivaut presque à celui moyennant lequel on achèterait le terrain, et si leur misère ne fait que s'en accroître ils n'ont aucun moyen d'y échapper.

Voilà pour ce qui se passe chez nous, mais nul doute qu'il doit exister des localités où la misère est encore plus grande.

L'usage des noms patronymiques, pour reconnaître l'identité devenue obligatoire en vertu de la loi du vingt trois mars mil huit cent quatre-vingt deux, ne convient pas aux musulmans. Cet usage n'existe pas dans leur religion, ils ne l'approuvent pas, et c'est malgré eux et à contre-cœur que quelques-uns l'ont accepté, car ils savent bien qu'ils ne retireront aucun profit de ces dénominations qui ne tendent à rien moins qu'à porter atteinte à leur religion, laquelle est leur capital.

Le prêt à intérêt, autrement dit l'usure, est défendu par notre religion ; de même en ce qui concerne la banque française à laquelle les musulmans n'ont recours qu'en raison de la détresse où ils se trouvent et bien qu'ils empruntent ici à trente pour cent et au-dessus, alors que nous avons entendu dire qu'en France l'argent se trouve à un intérêt moindre de deux pour cent par an. Il serait licite à celui qui est dans le besoin de choisir, de deux maux, le moindre, mais en ce cas, le prêt au même taux que les banques de France serait préférable.

Le second paragraphe contient les questions ci-après : Colonisation. — Concessions gratuites aux Français et Etrangers. — Ventes des terres. — Immigration. — Naturalisation des étrangers.

Les concessions gratuites des terrains domaniaux aux Français ou aux Etrangers reconnaissant la souveraineté de la France, sont une bonne chose, mais nous voudrions qu'il en fût de même pour le musulman qui, comme eux, aurait besoin de terre, et que ces derniers fussent admis dans les ventes comme les Européens et non exclus, car à l'origine ces terres leur appartenaient et ils auraient plus de droit que les étrangers à les recouvrer, soit en en obtenant la concession gratuite, soit par la voie des ventes aux enchères. De cette façon il y aurait égalité pour tous.

Le paragraphe 3 concerne les questions relatives aux Impôts arabes. — Réformes nécessaires. — Les impôts en Kabylie. — Les impôts français. — Opportunité de l'application des impôts français. — Réquisitions. — Domaine public. — Aliénation. — Forêts. — Délimitation et mise en valeur. — Aménagement des eaux. — Chemins de fer. — Ports. — Subventions aux communes (sic) nécessiteuses. — Tarifs. — Chemins.

Les impôts supportés par les Arabes sont trop lourds, étant donné qu'il en existe de toutes sortes et que par surcroît, les fonctionnaires chargés de les répartir ne manquent pas de les augmenter. Aux observations que nous leur faisons à ce sujet ils répondent : « C'est la loi ». Il ne nous reste plus alors qu'à nous taire et à nous incliner. Il en est de même pour les droits (d'entrée sur les marchés). Il conviendrait au gouvernement d'alléger, dans la mesure du possible, les impôts et les droits auxquels le peuple est soumis.

Les terres domaniales devraient être vendues (dans les adjudications) à tout enchérisseur, fût-il Français, Arabe ou étranger, ainsi qu'il a été dit plus haut.

Quant à la façon d'agir du gouvernement vis-à-vis des habitants pauvres des communes, soit musulmans, soit chrétiens, et les secours qu'il leur donne aussi bien en terre qu'en argent, en vue d'améliorer leur situation, c'est là une marque de sa justice et de son équité et il lui sied de ne pas oublier qu'il doit être bon et bienfaisant.

Pour les autres questions mentionnées dans ce paragraphe, il nous semble qu'il y a lieu de laisser les choses en l'état.

Le paragraphe 4 a trait à ce qui suit : Enseignement de l'arabe et du français. — Résultat de ce qui a été fait ; ce qu'il convient de faire. — Décret de 1883. — Organisation de la médecine chez les Arabes et les Kabyles. — Organisation de la justice indigène au français. — Juges de paix, cadis. — La justice en Kabylie, interprètes. — Cours d'assises. — Offices ministériels. — Police et sécurité. — Code de l'indigénat. — Organisation des communes mixtes. — Responsabilité collective. — Naturalisation des Arabes et des Kabyles. — Ressources militaires que l'on peut retirer des indigènes.

L'enseignement de l'arabe et du français est une chose à la réalisation de laquelle on ne saurait employer assez d'efforts et d'attention. Notre plus cher désir est de voir se multiplier les écoles et que dans chacune d'elles il y ait deux maîtres chargés, l'un d'enseigner aux élèves le français et les sciences qui en dépendent, et l'autre de leur apprendre le Coran et les principes de leur religion, tels que la prière, le jeûne, etc..., afin qu'ils observent les obligations que Dieu a prescrites à tout musulman émancipé. Mais l'enseignement exclusif du français aurait pour unique résultat de leur faire oublier leur religion et ses règles connues. Tout esprit sensé comprendra que ce serait un mal, car on doit les éclairer (les indigènes) tant au point de vue des choses de ce monde que de celles de la religion.

La science de la médecine est des plus utiles et mérite que les musulmans mettent du zèle à l'acquérir.

En ce qui concerne les justices musulmane et française, l'on doit savoir que deux choses opposées ne peuvent être réunies. La justice musulmane a pour fondement le Coran sublime et les traditions laissées par le prophète. Elle est toujours immuable dans sa base et on n'y peut rien ajouter ni en rien retrancher. Quiconque la viole s'engage dans la pire des voies. Nos cadis jugent selon elle. De plus, ils tranchent les différends dans un très bref délai et les parties n'ont que des frais minimes à dépenser, quelle que soit l'importance de l'affaire.

Avec la justice française c'est tout le contraire qui a lieu, et cela parce que cette dernière repose sur des lois (humaines). Or, les lois se renouvellent et se modifient suivant l'intention de ceux qui les préparent, lesquels ont en vue les choses concernant les Français en France. Les juges de paix prononcent une décision sans s'enquérir de la moralité des témoins et sans admettre leur récusabilité ou leur irrécusabilité. Lorsqu'on lui présente deux témoins, alors même qu'ils sont prévaricateurs et dénués de moralité, il leur fait prêter le serment, accepte leur témoignage et se base sur leur déposition pour rendre son jugement contre la partie adverse ainsi que nous avons pu le constater.

De tous ces faits il résulte qu'il y a incompatibilité entre notre justice et la justice française et que de l'application de cette dernière les Arabes n'éprouvent que du préjudice dans leurs intérêts matériels et religieux. Dans leurs intérêts matériels à cause du surcroît de dépenses qu'elle occasionne aux plaideurs même dans les procès de minime importance, et en outre en raison des lenteurs dans la solution des procès à tel point que le plaideur, dégoûté, se voit forcé de renoncer à son droit. Elle (la justice française) leur porte encore préjudice au point de vue religieux parce que le jugement est rendu contrairement à ce que Dieu a révélé dans notre livre.

Nous demandons donc au gouvernement de rétablir notre justice dans ses principes et que le cadi soit toujours compétent sans distinguer entre les affaires mobilières et de statuts personnels.

La justice française sera compétente en matière criminelle dans les cas d'assassinat, de vol, de coups et blessures et de tous les crimes et délits. De même qu'elle sévira contre les fauteurs de désordres et les agitateurs pour maintenir l'ordre et la tranquillité dans tout le pays.

La justice, telle qu'elle fonctionne en Kabylie, ne saurait convenir aux Kabyles qui, aussi bien que les Arabes, font partie de l'Islam. Or, la loi islamique est une et obligatoire pour tous les musulmans.

Le nombre des interprètes devrait être augmenté dans toutes les localités car ils servent d'intermédiaires aux Français et aux Arabes, mais il faudrait exiger d'eux des connaissances plus approfondies dans les deux langues, tant pour l'interprétation arabe que pour la traduction écrite, aussi bien chez les Français que chez les musulmans et les israélites. Ces fonctions ne devraient pas être confiées à des incapables. Nous avons constaté que certains interprètes ne sont pas à même de rendre ce qui se dit dans une langue comme dans l'autre, qu'ils traduisent inexactement et, en induisant les juges en erreur, sont cause que des droits sont perdus.

Pour ce qui a trait aux questions suivantes : Cours d'assises. — Offices ministériels. — Code de l'indigénat. — Organisation des communes mixtes, je n'ai aucun avis à donner et il vous appartient de faire tous vos efforts pour en perfectionner l'organisation.

La sécurité ne pourra être obtenue qu'en domptant la hardiesse des malfaiteurs par la rigueur de la répression, et on n'en viendra à bout qu'en donnant des pouvoirs plus étendus aux représentants des autorités administratives et judiciaires auxquels les coupables ne devraient pas pouvoir échapper, ainsi que cela existait autrefois. Actuellement, l'autorité s'est relâchée par suite de l'extension de la liberté. Le nombre des bandits et des malfaiteurs, qui poussent l'audace à dépouiller les faibles, a augmenté. Combien n'en avons-nous pas vus qui ont été relâchés sans punition par les juges de paix chargés d'instruire contre eux. Comment ne recommenceraient-ils pas dans de telles conditions !

La responsabilité collective est une mesure que nous ne pouvons accepter car elle est oppressive pour les innocents. Dieu a dit : « Quiconque fera le mal sera récompensé par le mal ».

La naturalisation serait d'une importance grave car elle équivaudrait à l'abandon de notre religion et de nos lois. Or, changer ces deux dernières, ou accepter autre chose qu'elles, est une apostasie pour un musulman. Nous ne pouvous l'approuver et nous y soumettre. Notre désir le plus cher est que le musulman reste musulman et le Français français, sans rien changer aux doctrines de l'un et de l'autre. A chacun sa foi.

Nous ne pouvons non plus accepter le service obligatoire pour les musulmans au même titre que les Français à cause du préjudice qui résulterait pour eux de l'abandon de leurs devoirs religieux, à l'observance desquels ils sont tenus et du délaissement de leurs affaires, de leurs intérêts et de leurs familles. Quant à celui qui viendra s'engager volontairement comme jusqu'à présent, il sera libre de le faire et nous ne trouvons pas à y redire.

Le paragraphe 5, enfin, contient les questions suivantes : Constitution administrative de l'Algérie. — Pouvoirs nécessaires au Gouverneur général et aux Préfets. — Assimilation des départements algériens aux départements français. — Création d'un ministère spécial analogue au ministère de l'Algérie et des Colonies (1858 à 1860). — Représentation des indigènes par des indigènes dans toutes les assemblées électives. — Leur nomination par voie d'élection ou de désignation par le gouvernement. — Participation des indigènes aux élections des sénateurs et des députés. — Entrée des indigènes dans le Conseil supérieur. — Division des attributions et de l'organisation du Conseil supérieur. — Régime des décrets, arrêtés et lois.

Notre avis est que l'on doit maintenir le *statu quo* pour toutes les questions, à l'exception de celles qui suivent :

Nous désirons que les musulmans soient représentés dans les deux Chambres et au Conseil supérieur et que nos représentants soient désignés par le Gouvernement qui connaît mieux que les enfants de notre nation les personnes aptes à remplir ces mandats. Mais nous sommes absolument opposés aux élections qui font naître la discorde entre les partis et occasionnent des troubles à la faveur desquels des mauvais sujets se font élire et qui ne sont pas dignes d'occuper des situations aussi élevées.

Quant aux représentants nommés par les Français dans les deux Chambres, il faut absolument détourner les musulmans de toute participation à leur élection et leur interdire d'une façon générale de se mêler aux élections des Français.

Voilà ce que notre compréhension a pu saisir parmi les questions sus-relatées. Nous y avons répondu par les pensées qui nous sont venues à l'esprit et nous vous prions de ne pas vous arrêter aux erreurs que nous aurions pu commettre et de nous les pardonner.

Nous terminerons en réitérant notre salut et l'hommage de notre respect à votre haute seigneurie.

De la part de Yahia Cherif Ahmed ben Sliman, adjoint indigène des Righa, Conseiller général, arrondissement de Sétif, département de Constantine, que Dieu le protège. Amen !

Signé : YAHIA CHERIF AHMED BEN SLIMAN,
et en regard de sa signature, son cachet.

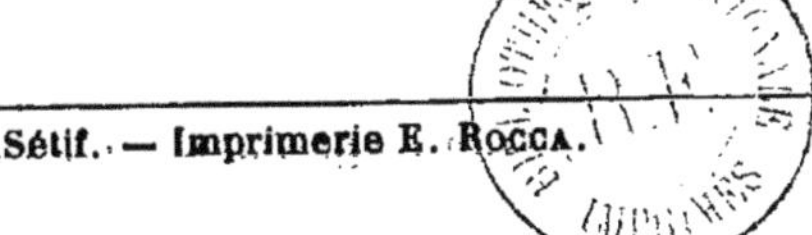

Sétif. — Imprimerie E. Rocca.

9 782019 953034

جــواب

من الفايد يحيى شريف احمد بن سليمان

كونسيلي جينيرال بعمالة قسنطينة

صاحب نيشان الحرمة

الساكن بقصر الطير حكم سطيف

اجاب به رايس الكمسيون بباريس

عن المسلة الجزايرية

١٨٩١

٭ سطيف ٭ مطبعة روكة ٭

الحمد لله وحده

عدد ٨٣٨٧ في ٢٨ جوليييت سنة ١٨٩١

الى حضرة المعظم الاربع سعادة السيد رايس اعضا المجلس الا على بباريس بعد اهدا اشرف السلام عليكم كما يليف بربيع مقامكم انه قد ورد علينا كتابكم السامي المورخ ٢٥ ماي سنة ١٨٩١ يتضمن عدة مسايل في جانب المسلمين سكان القطر الجزايري تلتمسون الجواب مني اليكم عنها وهي مبنية على خمسة بصول ** وبالبصل الاول يتضمن شان ترتيب التمليك والاحوال النسبية المقرر لها القوانين المورخة سنة ١٨٦٣ وسنة ١٨٧٣ وسنة ١٨٨٧ وما نقول في نتايجها والشروط الواجبة في نوع الاملاك من اربابها على مقتضى القوانين المورخة من سنة ١٨٥١ الى سنة ١٨٥٩ وقانون التبيمز بالاسما النسبية المورخ ٢٣ مارس سنة ١٨٨٢ والسلو بالزيادة بين العرب وما يظهر في شان البانكة با علم ايها الحضرة السنية ان قوانين التمليك المذكورة لم يعد العمل بها الا بالضرر على المسلمين اذ لا افتدا بها اتلو لهم اراضيهم من ايديهم

وجلب لهم خساير و اعمال شافة كابدوها مع
كميصارات التمليك و الجميط راوات المكلبين
بالتحديد ومن سنة ١٨٦٣ الى الان مانتجت بايدة
من ذلك و لا شاهدناها ٭ و كذا الاراضى
المنزوعة من اربابها و لقد شاهدنا ثلاثة اعراش
من افوب جهة البنافد خرجت جميع اراضيهم من
ايديهم ولم يبف لبعضهم لا افل الفليل الاول
عرش مجانة حكم برج بوعريريج والثاني عرش
عامر دايرة سطيف والثالث عرش ريغة كمون ريغة
الممترجدة و لماكان عرش ريغة هذا هو وطني ومسفط
راسي بها انا اوضح لمعاليكم حالر من جانب
اراضيه مما ضاع منها و ما بفى للاهالي وذلك
ان جملة ترابه ١٦٨٣١٥ هيكتارا ودخل من ذلك فى
حيازة الدوميين ٦٠٠٠٠ هيكتار غيب و ٤٠٠٧١ هيكتارا
من جانب الخمس والثفاو النخصوصي المضروب
به الوطن بسبب بتسنة سنة ١٨٧١ و ٣٠٠٠ هيكتارا
اراضي مخزن و ١٥٠٠ هيكتارا سباخ ملح بالجملة
الصايرة في حيازة الدوميين ١٠٤٥٧١ هيكتارا واخذ
من الباقي للكمينال ١٤٣٠٥ هيكتارا بتصير مع

ما فبلغها ٢١٥١٣ هيكتارا وكلها كانت للاهالي
يتصرفون فيها فلما رفعت ايديهم عنها لم يبق لهم
بعدها الا ٣٢٢٠٣ هيكتارا ويوجد في هذا الوطن نحو
ستة الاف بيتا تشتمل على نحو ستة وثلاثين
الى نفس من السكان فاذا وزعت عليهم بقية
التراب الخالص لهم على حسب البيوت
او النفوس ولا يتحصل للواحد منهم الا اقل من هيكتار
واحد فهل ترى اذا جاء كميصار التمليك لتمليك
سكان هذا الوطن كيف يتمكن لم ان يفسم هذا
النصيب اليسير على الوف من النفوس التى صارت
بسبب ما نزع منها الى ضيف كبير حتى اداهم
ذلك الى التحرث بالنصى من الغلل مع الالتزام
لصاحب الارض بشرط اذا الغرامة كلها على الحارث
ومنهم من يكتري الارض بالقيمة الغالية التي
تضاهى قيمة التراب فزادهم ذلك ضيفا على ضيف
ولا لهم مهرب من ذلك وبهذا مما هو طار عندنا
ولا شك ان في مواطن اخرى يوجد ماهو اشد
منا ضيفا

و اما التمييز بالاسما النسبية الصادر فانونها في

٢٣ مارس سنة ١٨٨٢ فليست لايقة للمسلمين جميعا

ولا هي في دينهم بل هي غير مقبولة لديهم و

مارضي بها من رضى منهم لا فهرا و غلبة اذ يعلمون

انه لا بايدة لهم في النسبية بها و انه انجر الى وساد

دينهم الذي هو راس مالهم * و اما السلو بين

العرب بالزيادة بهور بي و جرام في شرعنا و كذلك

البانكة لفرنسوبية و انها ما خالطها المسلمون لا

بسبب لا حتياج اللاحف بهم مع انهم ياخذونها

هنا المابة فرنك بزيادة ثلاثين او اكثر في العام

وبلغنا انها فى فرنسة توجد المابة فرنك بزيادة

افل من فرنكين في العام وساغ للمحتاج اليها

ارتكاب اخف الضررين وهو التسلو من بانكة

مثل فرانسة احسن

والفصل الثاني ما نفول فى لانعام بالاراضى

على الفرنسويين او لا جنبيين و بيعها منهم و كذا

انتفالهم من برهم الى الوطن الجزايرى و دخول

لا جنبيين فى التجنس الفرنسوي بالجواب عن

ذلك ان لانعام من الدولة بالاراضى الدوبينية

على البرنسويين او لا جنسيين الذين فى طاعتهم
حسن لكن نرغب ان يكون مثلهم المسلم المحتاج
للارض فى الانعام عليه وكما يباح لهم بيعها فكذلك
يباح للمسلمين ولا يحرمون منها لانها كانت
بلادهم اولا وهم اولى بها من لا جنسيين اعطا او بيعا
لتكون التسوية فى الحقوف بين الجميع

والفصل الثالث مانقول فى غرامة العرب وما
يليق لها من التغيير وكذا غرامة القبايل وغرامة
البرنسويين الجزايريين هل ينبغي ان تكون كما فى
برنسة ام لا ٭ وفى شان السخرة واراضى الدوميين
وبيعها والغيب وتحديدها وصيانتها والانتفاع
بالمياه وطرق الحديد والمراسى ما هو اولى
للدولة ان تعامل به اهالى بعض الدايرات
المحتاجين للاعانة والمكوس والطرق وخدمتها

بالجواب عن ذلك هو ان المغارم الواجبة على
العرب شاهدنا ها ثقيلة عليهم حيث كانت متنوعة
ومع ذلك فلا تخلو من زيادة المتوليين عليهم فى
موجباتها واذا عارضناهم فى ذلك احتجوا علينا

بالقانون فما يلزمنا حينيذ الا السكوت والصبر
وكذلك المكوس فى ضررها ينبغى للدولة ان
تتدارك ذلك، بما يتمكن لها من تخفيف
المغارم والمكوس عن الامة ٭ واما اراضى الدومين
فينبغي ان يباح بيعها لكل طالب سوا كان فرنسويا
او عربيا او اجنبيا كما تقدم قريبا ٭ كما ان معاملة
الدولة للمحتاجين من اغالى الدايرات مسلمين
كانوا او نصارى وانعامها عليهم بما تنجبر به
احوالهم من الدراهم او اراضى الدومين فهو من
عدلها واحسانها وينبغي لها ان لا تنسى التبصل و
لا متنان عليهم ٭ واما ما عدا هذه المسايل
المذكورة فى هذا الفصل بالظاهر ان يبقى كل شى
على حاله المعلوم به

والفصل الرابع السوال عن تعليم العربية
والفرنساوية وما نتج منه وما ينبغى له على حسب
قانون سنة ١٨٨٣ وتعليم الطب للعرب والقبايل
والشريعة الاسلامية والفرنساوية من قضاة
وجوجوات والشرع الجارى بوطن القبايل

والتراجم وما يجب في محاكم الجرايم المعبر عنها بلاكورد اسيزو لا عوان و جلب العافية و القانون المعروف بلاند يجيينة وترتيب البلدة المتزوجة وضمان لاهالى المشترك و دخول العرب و القبايل في الجنسية البرنساوية وما يتحصل من البجايدة ان ادخلوا فى سلك الجند العسكرى

بالجواب عن ذلك هوان التعليم للفرانسيسية والعربية مما يجب الاعتنا به و لا اجتهاد فى تحصيله وغاية فصدنا تكثير المدارس وكل مدرسة يكون فيها معلمان احدهما لتعليم التلا مذة اللغة الفرنساوية وما يتعلف بها و الا خر بعلمهم الفرا ان العظيم واحكام دينهم من صلاة وصيام و غيرهما كى يكونوا محافظين على ما فرضه الله على كل مكلف واما الا فتصار على تعليم اللغة البرنساوية خاصة فلا ينتج منه لا نسيان دينهم و جهلهم بمعالمه و في ذلك ضرور عليهم لا يخفى على كل عاقل فكان من الواجب اصلاح دينهم و دنياهم ۞ واما تعليم الطب فهو من اهم الا مور ويحسن للمسلمين الا عتنا

بمعوثته * واما الشريعة الاسلامية و البرنساوية فضا تهما ولا يخفى ان ضدين لا يجتمعان وبان الشريعة الاسلامية مبنية على القرآن العظيم والحديث النبوي ولم تزل ثابتة الاصل لا فيها زيادة ولا نقصان و من خالفها فقد حاد عن سوا السبيل و قضاتنا يحكمون بها و يفصلون النوازل بين الخصما في الزمن القصير ولا يلحف الخصما كثير من المصروف في جميع لا شيا تافهة كانت اوذات بال * و الشريعة البرنساوية بخلاف ذلك لا نها مبنية على القوانين و القوانين حادئة و مختلفة بحسب اغراض المولفين لها بنظرهم لما يناسب البرنساويين في برانسة و حكام الصلح يحكمون بين المسلمين بها بلا تعديل ولا تجريح ولا تزكية وانما اذا اتاهم الخصم بشاهدين و لو كانا فاسقين غير عدلين يحلفهما و يقبل شهاد تهما و يحكم بها على الاخر على ما شاهدنا ولم يمكن الجمع بينها و بين شريعتنا وبذلك لم ينتج من العمل بها الا الضرر للمسلمين في دنياهم و دينهم فاما في

دنياهم فلما يعرض للخصمين من كثرة المصاريف ولو

فى حجة تافهة و التطويل بفصل النـوازل حتى

يتحصل الملال من ذلك ويسلم صاحب الحـق

فى حقه ٭ واما فى الدين بالحكم بغير ما انزل

الله فى كتابنا ٭ فالمطلوب من الدولة ان ترد شريعتنا

الى اصلها فيصير لها مطلق النظر فى جميع الاشيا

الذاتية والمالية ٭ كما ان الشريعة الفرنساوية لها

الحكم فى الجرايم من قتل وسرايق و جراحات

وجميع انواع الجنايات و التشديد بعقاب الظلام

والبغاة لتتفرر العاثية والهنا فى المواطن كلها ٭ واما

الشرع الجارى بوطن القبايل فلا يليق بهم لان

لفظ الاسلام يشمل العرب و القبايل وشريعة

المسلمين متحدة ولا محيد لهم عنها ٭ واما

المترجمون فيحف اعدادهم بما فى لا مكان اكثر

مماهم عليه اليوم لا نهم الواسطة بين الفرنساويين

والمسلمين لاكن يشترط فيهم ان يكونوا من البلغا

فى اللغتين نطفا و كتابة سوا كانوا فرنسويين

او مسلمين او اسرائيليين ومن كان غير بليغ فلا ينال

ذلك لا ننا شاهدنا بعض التراجم فاصرين عن
الاستيفا بمايلفى عليهم من الجانبين و يترجمون
على غير صواب فيحصل من ذلك التغليط للحكام
و تصير ترجمتهم سببا با عثا لضياع الحقوق ※ واما
محاكم الجرايم و الاعوان و لا ند يجينة و ترتيب
البلدة المترجمة فليس لي كلام فيهم وانمالكم الاجتهاد
فيها تستقيم به شونهم ※ واما جلب العافية فلايتم
الا بقهر الظلام و المتمردين و التشديد فى عقابهم
و لا يقهرهم الا التفويض للحكم المخزنى فى امورهم
الرديبة ※ و كذا الحكم الشرعى لا يجبلتهم كماكان
عليه لا مرا ولا ※ لان فى هذا الوقت فدا نحل
الحكم باتساع السحرية و كثر الظلام و المعتدون
و صاروا يتجراون على من هو واضعي منهم
وينهبونه و شاهدناهم احضروا امام حكام الصلح
المنتهى اليهم امرهم باطلفواسالمين بلا عقاب فكيف
لا يعودون الى ارتكاب ما كانوا يعملون ※ واما
الضمان المشترك فلا نريدوه اذ فيه ظلم من كان
بريا من الذنب والله يقول من يعمل سوايجز به

﴿ و اما الدخول في الجنسية الفرنساوية فهو امر عظيم علينا لانه الخروج من ديننا وشريعتنا و تبديلهما علينا و دخول المسلم في غير دينه كبرو نحن لا نرضى وابه و لا نقبلوه و غاية فصدنا ان المسلم يبقى مسلما و الفرنساوي فرنساويا من غير تحويل احد عن ملته فلكم دينكم و لنا ديننا ﴿ و اما ايجاب ادخال المسلمين في الخدمة العسكرية و الزامهم بها مثل الفرنساويين فذلك لا نرضى وابه لما فيه من الاضرار العايدة عليهم من ترك دينهم الواجب عليهم التحفظ به و تضييع فوايدهم ومصالحهم وخدمتهم على عوايلهم ﴿ و اما من جاكم مختارا الدخول في العسكرية كالعادة فهو في اختياره و نرضى وابه

و الفصل الخامس مانفصول في ترتيب الامور المخزنية مما يجب على الوالي العام وعمال العمالات و تعيين امورهم وتنظيم الوطن الجزايري ايحف ان يكون كما فرنسة ام لا وهل يليق اتخاذ و زير للاهالي الجزايرية على مقتضى الاوامر

البارزة ما بين سنة ١٨٥٨ الى سنة ١٨٦٠ و ما يتعين

فيمن يكون منتخبا من المسلمين لان يكون عضوا

فى اى مجلس كان هل لا ليق ان يكون مختارا

من جانب الدولة او بالقرعة وهل ينبغى للعرب ان

يدخلوا مع البرنساويين في التفريع على من يكون

اولى للولاية فى القامرتين وهل يحتاج للعرب ان

يكون منهم اعضا بكمسيون الكونسيل لا على

بالجزاير وما يليق له من تغيير او تبديل وهل يجب

ان يبقى العمل جاريا على مقتضى لا وامرو القوانين

التجاربة او يصير جريانها كما فى برانسة

بالجواب عن ذلك ان كل ما تقدم ذكره في

هذ الفصل ينبغى ان يبقى كل شى على حاله دون

تغيير ولا تبديل ماعدا الامور لا نية و هواننا نود ان

يكون من المسلمين اعضا فى القامرتين و فى

الكونسيل لا على بالجزاير و يكونون قد اختارتهم

الدولة لانها اعرف بمن هو صالح لذلك من

ابنا جنسنا ولا يكون عليهم تفريع ابدا لان بالقرعة

تكون النفس بين المفترعين و يحسد لا مربينهم

ويقع من ذلك تعيين بعض الاراذل الذين ليسوا
باهل لتلك الوظايف الربيع شانها ٭ واما من
يتعين من الفرنسويين للولاية بالقامرتين بالفرعة
ويجب اجتناب المسلمين من ذلك وعدم
الدخول مع الفرنسويين في التفريع عليهم على كل
حال ٭ وهذ الذى اد ركه فهمناس المسايل المشار
اليها وفد اجبناكم عنها بما حضر لدينا من الاجوبة
ونرجو منكم الصفح والتجاوز عنا ان كنا فد
اخطانا في شى منها مع مزيد احترامنا لعلي
مقامكم والسلام من يحيى شريب احمد بن
سليمان اجوان بريغة كونسيل جنرال حكم سطيف
عمالة فسنطينة امنه الله امين